BEI GRIN MACHT SICH IHR WISSEN BEZAHLT

- Wir veröffentlichen Ihre Hausarbeit, Bachelor- und Masterarbeit

- Ihr eigenes eBook und Buch - weltweit in allen wichtigen Shops

- Verdienen Sie an jedem Verkauf

Jetzt bei www.GRIN.com hochladen und kostenlos publizieren

Bibliografische Information der Deutschen Nationalbibliothek:

Die Deutsche Bibliothek verzeichnet diese Publikation in der Deutschen Nationalbibliografie; detaillierte bibliografische Daten sind im Internet über http://dnb.d-nb.de/ abrufbar.

Dieses Werk sowie alle darin enthaltenen einzelnen Beiträge und Abbildungen sind urheberrechtlich geschützt. Jede Verwertung, die nicht ausdrücklich vom Urheberrechtsschutz zugelassen ist, bedarf der vorherigen Zustimmung des Verlages. Das gilt insbesondere für Vervielfältigungen, Bearbeitungen, Übersetzungen, Mikroverfilmungen, Auswertungen durch Datenbanken und für die Einspeicherung und Verarbeitung in elektronische Systeme. Alle Rechte, auch die des auszugsweisen Nachdrucks, der fotomechanischen Wiedergabe (einschließlich Mikrokopie) sowie der Auswertung durch Datenbanken oder ähnliche Einrichtungen, vorbehalten.

Impressum:

Copyright © 2019 GRIN Verlag
Druck und Bindung: Books on Demand GmbH, Norderstedt Germany
ISBN: 9783668990500

Dieses Buch bei GRIN:

https://www.grin.com/document/492403

Lisa Sommer

Marktanalyse und Marketingplanung für ein Damenfitnessstudio in Hannover

GRIN Verlag

GRIN - Your knowledge has value

Der GRIN Verlag publiziert seit 1998 wissenschaftliche Arbeiten von Studenten, Hochschullehrern und anderen Akademikern als eBook und gedrucktes Buch. Die Verlagswebsite www.grin.com ist die ideale Plattform zur Veröffentlichung von Hausarbeiten, Abschlussarbeiten, wissenschaftlichen Aufsätzen, Dissertationen und Fachbüchern.

Besuchen Sie uns im Internet:

http://www.grin.com/

http://www.facebook.com/grincom

http://www.twitter.com/grin_com

Deutsche Hochschule für
Prävention und Gesundheitsmanagement

Hausarbeit (kollektive Prüfungsleistung)

Name, Vorname	Sommer, Lisa
Modul	Marketing 1
Studiengang	Fitnessökonomie
Datum Präsenzphase	08.04.19 – 10.04.19
Studienort	Zürich
Gruppe bzw. zu bearbeitende Stadt	Hannover
Unternehmenstyp*	Damenfitness-Studio

* abhängig von Prüfungsleistung: jeweils den zu bearbeitenden „Unternehmenstyp" eintragen

Inhaltsverzeichnis

1 MARKTBESCHREIBUNG / -ANALYSE 4

  1.1 Allgemeine Informationen über den Unternehmenstyp 4

    1.1.1 Hauptzielgruppe und Positionierung 4

    1.1.2 Produktpolitik 4

    1.1.3 Kontrahierungspolitik 5

    1.1.4 Distributionspolitik 5

  1.2 Lage und Standort des Unternehmens 6

  1.3 Bestimmung von zwei Marktgebieten 6

  1.4 Makroumfeldanalyse und Abschätzung des Marktpotenzials 7

    1.4.1 Arbeitslosenquote 7

    1.4.2 Altersverteilung 7

    1.4.3 Ermittlung Einwohnerzahl in den Marktgebieten 7

    1.4.4 Berechnung des Marktpotenzials 9

  1.5 Wettbewerbsanalyse 9

2 MARKETINGPLANUNG 10

  2.1 Budgetplanung 10

  2.2 Kommunikationspolitik 10

    2.2.1 Kommunikationsinstrumente 10

    2.2.2 Vermarktungskampagne 10

  2.3 Werbeplanung 11

  2.4 Kostenkalkulation / Budgetvergleich bei Werbeplanung 11

    2.4.1 Kostenkalkulation 12

    2.4.2 Budgetvergleich 12

    2.4.3 Optimierungsmöglichkeiten 13

  2.4 Synergieeffekt im Rahmen der Kommunikationspolitik 13

3 ABSCHLUSSSTATEMENT 13

4 LITERATURVERZEICHNIS 14

5 ABBILDUNGS- UND TABELLENVERZEICHNIS 15

5.1 Abbildungsverzeichnis 15

5.2 Tabellenverzeichnis 15

1 Marktbeschreibung / -analyse

1.1 Allgemeine Informationen über den Unternehmenstyp

Bei dem geplanten Studio handelt es sich um ein Damenfitness-Studio, welches in Hannover eröffnet wird.

1.1.1 Hauptzielgruppe und Positionierung

Die Hauptzielgruppe des Damenfitness-Studios setzt sich aus folgenden Merkmalen zusammen:

Tab. 1: Merkmale der Hauptzielgruppe (eigene Darstellung)

	geografisch:	soziodemografisch:	psychografisch:
Merkmale:	- wohnhaft oder regelmäßig im Stadtteil Hannover Nord	- weiblich - mind. 16 Jahre alt - durchschnittliches Einkommen	- bevorzugt ein Training unbeobachtet und ungestört von Männern - legt Wert auf ein breites Spektrum an geschlechtsspezifischen Angeboten (z.B. fitdankbaby, Anti-Cellulite-Kurse, usw.) - nteressiert an Welnessangeboten

Positionierung: Durch das breite Angebotsspektrum wird alles geboten, was das Frauenherz begehrt, auch über das Training hinaus. Das Damenfitness-Studio soll ein Treffpunkt außerhalb des Alltags sein, an dem Mädchen, Frauen und vor allem Mütter von ihrem Alltag abschalten und sich nur um sich selbst kümmern können. Und das Alles zu einem vertretbaren Preis, welcher durch eine Ermäßigung auch für einkommensschwache Kundinnen, wie z.B, Rentnerinnen tragbar ist.

1.1.2 Produktpolitik

- großer Ausdauerbereich mit Stepper, Crosstrainer, Laufbändern und Fahrradergometern
- Kraftgerätezirkel

- großes Angebot an Fitnesskursen (z.B. fitdankbaby, Anti-Cellulite, Bauch-Beine-Po, Fatburner, Yoga, uvm.)
- Betreuung durch qualifiziertes Personal auf der Trainingsfläche
- Ernährungsberatung
- Bioelektrische Impendanzanalyse
- Kinderbetreuung mit Fachpersonal
- Sauna mit Ruhebreich
- Solarium
- Getränke-Theke mit frischen Smoothies, Eiweißshakes und Heißgetränken
- kostenlose Parkmöglichkeit vor dem Gebäude

1.1.3 Kontrahierungspolitik
Preispolitik
- 6-Monats-Abo: 55 €/Monat
- Jahresabo: 50 €/Monat
- Zweijahresabo: 45 €/Monat
- Zusatzkosten für Solarium, Ernährungsberatung und Thekengetränke

Konditionspolitik
- Ermäßigung für Schülerinnen, Studentinnen, Azubinen und Rentnerinnen: 20% auf den Monatsbeitrag
- Treueprämie: Bei Vertragsverlängerung bekommt der Kunde einen Monat beitragsfrei geschenkt.

1.1.4 Distributionspolitik
Das Damenfitness-Studio gehört einer Unternehemnsgruppe an, die sämtliche Segmente des Fitnessmarktes abdeckt. Aufgrund der zahlreichen Vorteile wurde ein Franchisesystem gewählt. Diese sind unter anderem:
- ein geringerer Kapitalbedarf
- starke Expansionskraft
- Franchisegeber profitiert von den Erfahrungen des Franchisenehmers

1.2 Lage und Standort des Unternehmens

Der Standort des Damenfitness-Studios ist die Krepenstraße 6, im Stadtteil Nord, 30165 Hannover. Von dort aus sind es lediglich 2 Minuten Gehweg bis zur U-Bahnhaltestelle „Hannover-Krepenstraße". Auch die Bushaltestelle „Hannover Mogelkenstraße" ist innerhalb von 6 Minuten zu Fuß zu erreichen. Somit ist gewährleistet, dass auch Kunden, die kein Fahrzeug haben, das Studio mit den öffentlichen Verkehrsmitteln erreichen. Die Krepenstraße mündet in die Schulenburger Landstraße, eine vierspurige Hauptstraße mit zwei Fahrbahnen in jede Richtung. Gegenüber der Krepenstraße 6 befindet sich ein Kaufland und südlich, 1,72 km Luftlinie der Bahnhof "Hannover-Nordstadt".

Begründung für die Standortwahl: Die Krepenstraße 6 liegt in einem Industriegebiet, mit Einkaufsmöglichkeiten, welche den Standort für die Eröffnung des Damenfitness-Studios attraktiv machen. Zahlreiche potentielle Kundinnen fahren werktags auf dem Weg zum Einkaufen am Studio vorbei und könnten somit ein Training mit ihren Besorgungen verbinden. Ein weiterer Aspekt, der für diesen Standort spricht, ist die gute Verkehrsanbindung.

1.3 Bestimmung von zwei Marktgebieten

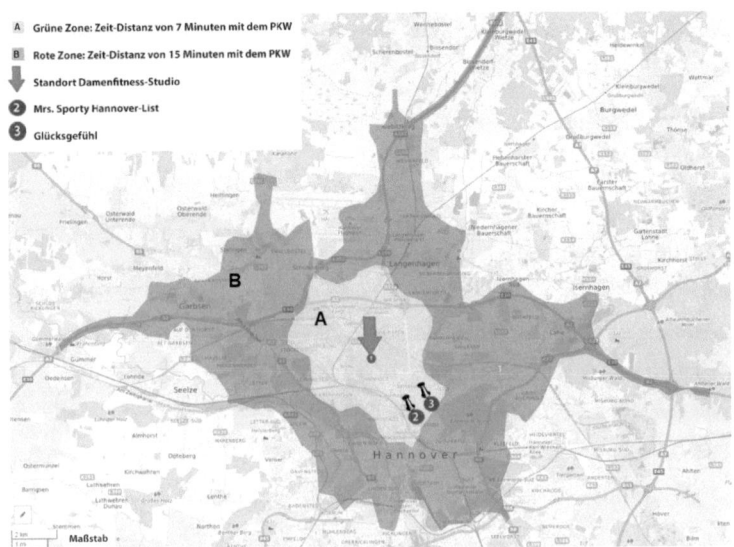

Abb. 1: Darstellung Marktgebiete nach Zeit-Distanz-Methode mit Kennzeichnung zweier Konkurrenten (Openroute Service, 2019)

1.3 Makroumfeldanalyse und Abschätzung des Marktpotenzials

Die Region Hannover weist eine überdurchschnittliche Kaufkraft, mit 23.657 € pro Einwohner auf. Das sind 103,1 % der durchschnittlichen Kaufkraft in Deutschland (Fachbereich Wirtschafts- und Beschäftigungsförderung Region Hannover, 2018, S. 18).

1.4.1 Arbeitslosenquote

Die Zahl der Arbeitslosen in Hannover betrug im Juni 2018 40.283. 17.881 davon sind Frauen. Im Vergleich zu Juni 2017 ist die Quote der arbeitslosen Frauen um 8,5 % gesunken. (Fachbereich Wirtschafts- und Beschäftigungsförderung Region Hannover, 2018, S. 16).

1.4.2 Altersverteilung

Tab. 2: Altersverteilung Stadt Hannover (Landeshauptstadt Hannover, Fachbereich Personal und Organisation, Sachgebiet Wahlen und Statistik, 2018, S. I - 4 – I – 6)

Altersgruppen:	< 3 Jahre	3-5 Jahre	6-9 Jahre	10-17 Jahre	18-29 Jahre	30-44 Jahre	45-59 Jahre	60-64 Jahre	65-74 Jahre	75 Jahre und > 75 Jahre
Einwohner in Hannover	15.901	14.296	18.346	34.811	97.817	115.922	113.518	29.683	46.315	55.164

Die Altersverteilung ist im Falle des Damenfitness-Studios nicht allzu bedeutsam, da fast alle Altersgruppen angesprochen werden. Auch die Altersgruppen unter 3 Jahren, 3-5 Jahre und 6-9 Jahre sind belangreich, da die Mütter der Kinder potentielle Kundinnen darstellen, welche die Kinderbetreuung in Anspruch nehmen könnten.

1.4.3 Ermittlung der Einwohnerzahl in den Marktgebieten

Tab. 3: Zahl der Einwohner im Marktgebiet 1 und 2 (Landeshauptstadt Hannover, Fachbereich Personal und Organisation, Sachgebiet Wahlen und Statistik, 2018, S. i-8)

Marktgebiet 1	Marktgebiet 2

Marktgebiet 1				Marktgebiet 2		
Stadtteil	Abdeckungsgrad des Marktgebietes im Stadtteil in %	Einwohnerzahl berechnet nach dem prozentualen Anteil		Stadtteil	Abdeckungsgrad des Marktgebietes im Stadtteil in %	Einwohnerzahl berechnet nach dem prozentualen Anteil
Nordstadt	90 %	16.046		Calenberger Neustadt	90 %	6.205
Hainholz	100 %	7.407		Südstadt	95 %	38.010
Herrenhausen	90 %	7.506		Waldhausen	70 %	1.567
Vinnhorst/Brink-Hafen	100 %	7.199		Waldheim	85 %	1.512
Leinhausen	70 %	2.248		Bult	100 %	3.109
Vahrenwald	100 %	24.937		Zoo	100 %	5.019
List	50 %	22.892		Oststadt	95 %	13.553
Oststadt	5%	713		List	50 %	22.892
Burg	100 %	3.924		Vahrenheide	100 %	9.884
				Leinhausen	30 %	30 %
				Stöcken	100 %	12.902
				Marienwerder	90 %	2.184
				Sahlkamp	100 %	14.433
				Bothfeld	100 %	20.512
				Lahe	90 %	1.713
				Groß-Buchholz	80 %	22.028
				Kleefeld	25 %	3.168
				Linden-Nord	100 %	16.619
				Linden-Mitte	100 %	12.417
				Linden-Süd	100 %	10.416
				Limmer	100 %	6.273
				Davenstedt	5 %	548
				Ricklingen	35 %	4.600
				Ahlem	70 %	7.754
				Isernhagen-Süd	10 %	294
Gesamt Marktgebiet 1:		**92.872**		**Gesamt Marktgebiet 2**		**238.575**

Da es sich um ein Damenfitness-Studio handelt darf die männliche Bevölkerung außer Acht gelassen werden. Hannover hat insgesamt 282.766 weibliche Einwohner also 50,6 % der Gesamteinwohnerzahl (Statistikstelle der Landeshauptstadt Hannover, 2019). Um die Zahl der potentiellen Kundinnen zu berechnen muss das Gesamtergebnis der beiden Marktgebiete jeweils mit 50,6 multipliziert und durch 100 dividiert werden.

Berechnung: Marktgebiet 1: 92.872 * 50,6 / 100 = 46.993 weibliche Einwohner

      Marktgebiet 2: 238.575 * 50,6 / 100 = 120.718 weibliche Einwohner

Die Werte können jedoch abweichen, da die Verteilung der Einwohnerinnen in Hannover in den verschiedenen Stadtteile variieren kann.

1.4.4 Berechnung des Marktpotenzials

Bei der Berechnung des Marktpotenzials wird das Marktgebiet 1 mit einer Gewichtung von 100% und das Marktgebiet 2 mit einer Gewichtung von 70 % berücksichtigt.

Marktpotenzial = (Marktgebiet 1 (100%) + Marktgebiet 2 (70%))
$$= (46.933 + 84.503) * 12 / 100$$
$$= 15.772$$

Das Marktpotenzial beträgt 15.772 Frauen.

1.4 Wettbewerbsanalyse

Tab. 4: Wettbewerbsanalyse (eigene Darstellung)

	Mrs.Sporty Hannover-List	Glücksgefühl
Produktpolitik	- Ernährungsberatung - Personal Training - moderne Geräte (PIXFORMANCE Smart Trainer) - qualifiziertes Fachpersonal	- Gerätetraining - Kurse - Zertifizierter Rehabilitationssport - Kindertanzen - Vibrationstraining - Vacu-Walk - EMS-Training - Wellness - kostenloses WLAN - Reservierte Parkplätze
Mitgliedsbeitrag pro Monat	- Einjahresabo: 55,99 €/ Monat	- ab 39,90 € pro Monat
Positionierung	Mrs. Sporty wirbt damit, dass 30 Minuten genügen um etwas für die Gesundheit und die Figur zu tun. Die Bedürfnisse der Kundinnen stehen im Mittelpunkt. In der heutigen Gesellschaft ist die Zeit knapp und somit lässt sich das Konzept von Mrs. Sporty in jeden Alltag integrieren.	Das Studio Glücksgefühl bietet alles für jede Frau. Nicht nur Fitness, sondern auch Wellness und Kindertanzen für den Nachwuchs.
Stärken:	- Nur 30-minütige Trainingseinheiten notwendig - Franchise Award - Innovationssieger Geräte - Bewiesene Wirksamkeit durch Institut für Prävention und Nachsorge (IPN) in Köln - Kostenloses Probetraining	- Günstig für das umfangreiche Angebot - Ermäßigung für Schüler, Studenten usw. - kostenlose Kundenparkplätze - kostenloses WLAN - vielseitiges Kursangebot: Yoga, Pilates, Dance, BBP, Tae Bo, Langhanteltraining, Streching, Zumba, uvm.
Schwächen:	- Schlechtes Preis-/Leistungsverhältnis - Keine Produktvielfalt	- Keine Preisinformation auf der Webseite - Kein Probetraining an Geräten, lediglich Beratungsgespräch

Mrs.Sporty Hannover-List	Glücksgefühl
- Keine Ermäßigung für Schüler, Studenten usw.	

Das Konzept des Damenfitness-Studio unterscheidet sich komplett von dem Konzept von Mrs. Sporty Hannover-List, denn die Kundinnen sollen im Gegensatz zum Mrs. Sporty Club mehr als nur 30 Minuten im Studio verbringen, wofür auch das umfangreiche Angebot sorgt. Das Konzept des Frauenstudios Glücksgefühl kommt dem des Damenfitness-Studios schon näher, allerdings wird hier für die Mütter keine Kinderbetreuung angeboten, dafür ist der Monatsbeitrag aber etwas günstiger.

2 Marketingplanung

2.1 Budgetplanung

Das Jahresmarketingbudget wird anhand der Methode „Marketingkosten pro Neukunde" ermittelt.

- erfahrungsgemäße Marketingkosten: 50 €/Neukunde
- geplante Mitgliederzahl nach dem ersten Geschäftsjahr: 400 Mitgliederanzahl

Berechnung des Jahresmarketingbudgets: 400 x 50 = <u>20.000 €</u>

2.2 Kommunikationspolitik

2.2.1 Kommunikationsinstrumente

Als Kommunikationsinstrumente wurden folgende gewählt:

- Werbung
- Verkaufsförderung
- Direktmarketing

2.2.2 Vermarktungskampagne

Tab. 5 Aktionsbeschreibung und Planung für die Vermarktungskampagne

Aktionstitel:	Kundengewinnung durch Vorverkauf
Aktionsnummer	1

Aktionstitel:	Kundengewinnung durch Vorverkauf
Start der Kampagne/Zeitraum:	2 Monate vor dem Eröffnungstag
Verantwortlicher:	Marketingleiter
Aktionsbeschreibung:	

Durch die Kommunikationsinstrumente Werbung, Verkaufsförderung und Direktmarketing sollen bereits zur Studioeröffnung möglichst viele Gründungsmitglieder gewonnen werden. Um dies zu erreichen, hat die Marketingabteilung eine einmalige Rabattaktion erarbeitet. Kundinnen, die im Vorverkauf über die Webseite, einen Vertrag abschließen, bezahlen die ersten 3 Monate nur 40 € und Schülerinnen, Studentinnen, Azubinen und Rentnerinnen sogar nur 30 € pro Monat. Zusätzlich werden unter den ersten 100 Mitgliedern drei Gutscheine für alle erhältlichen Thekengetränke (Smoothies, Eiweißshakes, Kaffee, uvm.) im Wert von je 50 Euro verlost. Die Verlosung findet live, im Studio am Weltfrauentag, eine Woche vor der offiziellen Eröffnung statt. Lediglich die ersten 100 Mitglieder erhalten eine Einladung und Zutritt zu diesem besonderen Event. Während des Events gibt es eine gesunde Verkostung, sowie interessante Vorträge zum Thema Training und Ernährung. Durch die Begrenzung auf die ersten 100 Mitglieder wird der Anreiz gegeben, möglichst schnell einen Vertrag abzuschließen, um bei dem exklusiven Event dabei sein zu können. Der Weltfrauentag passt für solch ein Event in einem Damenfitness-Studio sehr gut.

Um die Einwohnerinnen von Hannover auf dieses Angebot aufmerksam zu machen, werden an gut besuchten Plätzen z.B, U-Bahn Auf- und Abgängen Plakate aufgehängt, in belebten Fußgängerzonen Flyer verteilt, eine Anzeige mit Google Ads geschaltet und Online Werbung über die Social Media Plattformen betrieben. Durch die drei verschiedenen Werbemittel, kann gewährleistet werden, möglichst viele Frauen, eines jeden Alters zu erreichen. Die offizielle Eröffnung soll am 15.03.2020 stattfinden. Durch die Kampagne sollen mindestens 150 Kundinnen gewonnen werden. Außerdem soll sie zum Aufbau eines positiven Images beitragen und den Bekanntheitsgrad fördern.

Der Erfolg der Kampagne wird mittels der Auswertung überprüft. Bei dieser werden die in der Aktion abgeschlossenen Verträge gezählt und mit dem geplanten Ziel verglichen.

Datum	Planung	wer	bis wann
01.12.2019	Erstentwurf Plakate und Flyer	Marketingabteilung	15.12.2019
15.12.2019	Rücksprache Erstentwurf Plakate und Flyer mit Geschäftsleitung	Marketingabteilung, Geschäftsleitung	15.12.2019
16.12.2019	Überarbeitung Erstentwurf Plakate und Flyer	Marketingabteilung	22.12.2019
22.12.2019	Rücksprache Überarbeitung Erstentwurf Plakate und Flyer mit Geschäftsleitung	Marketingabteilung, Geschäftsleitung	22.12.2019
02.01.2020	Gestaltung und Entwicklung Onlinewerbung für Social Media	Marketingabteilung	16.01.2019
06.01.2020	Bestellung der Plakate und Flyer	Marketingabteilung	06.01.2020
08.01.2020	Bestellung der Dekoration	Geschäftsleitung	08.01.2020
15.01.2020	Montage der Plakate, Freischaltung der Onlinewerbung (Google Ads und Social Media)	beauftragte Firma, Marketingabeilung	15.01.2020
15.02.2020	Promotion mit Flyern in belebten Fußgängerzonen	Promotionteam	15.02.2020
21.02.2020	Bearbeitung der Onlineabschlüsse und Versenden der Einladung zum Event am Weltfrauentag	Geschäftsleitung	23.02.2020
29.02.2020	Promotion mit Flyern in belebten Fußgängerzonen	Promotionteam	29.02.2020
06.03.2020	Vorbereitung Event Weltfrauentag (Einkauf der Lebensmittel, Aufbau, Dekoration, usw.)	Geschäftsführung, Angestellte	06.03.2020
07.03.2020	Zubereitung des Essens	Geschäftsführung, Angestellte	07.03.2020
08.03.2020	Event Weltfrauentag	Geschäftsleitung, Angestellte	08.03.2020
09.03.2020	Bearbeitung weiterer Onlineabschlüsse und Vereinbarung der Einführungstrainings nach offizieller Eröffnung	Geschäftsleitung	10.03.2020
15.03.2020	Ende der Marketingkampagne, Demontage der Werbeplakate und Abschaltung der Onlinewerbung	beauftragte Firma, Marketingabteilung	15.03.2020

2.3 Werbeplanung

Tab. 6: Werbeplanung (eigene Darstellung)

Werbemittel	Werbeträger	Begründung

Werbemittel	Werbeträger	Begründung
Plakate	Werbetafeln, Litfaßsäulen	Plakate an Hauswänden, auf großen Werbetafeln oder an Litfaßsäulen an U-Bahn Auf- und Abgängen oder in Einkaufsgebieten haben eine hohe Reichweite, da täglich Menschen mit der U-Bahn fahren und einkaufen gehen.
Flyer	Faltflyer	Faltflyer können in Fußgängerzonen verteilt werden. Dies hat den Vorteil, dass potentielle Kunden direkt angesprochen werden können und auch Fachpersonal für Rückfragen direkt zur Verfügung steht. Mit Erlaubnis können die Flyer auch in Geschäften ausgelegt werden.
Anzeige (Google Ads)	Internet	Mit Google Ads können konkret Frauen angesprochen werden, die ein Fitnessstudio im Raum Hannover über Google suchen. Durch die Anzeige sticht das Damenfitness-Studio heraus und somit erhöht sich die Wahrscheinlichkeit, dass potentielle Kundinnen die Webseite des Studios aufrufen.

2.4 Kostenkalkulation / Budgetvergleich bei Werbeplanung

2.4.1 Kostenkalkulation

Tab. 7: Kostenkalkulation (eigene Darstellung)

Datum	Planung	wer	bis wann	Stück	Plan-Kosten in €
01.12.2019	Erstentwurf Plakate und Flyer	Marketingabteilung	15.12.2019	Je 1 Entwurf	560 €
15.12.2019	Rücksprache Erstentwurf Plakate und Flyer mit Geschäftsleitung	Marketingabteilung, Geschäftsleitung	15.12.2019	/	216 €
16.12.2019	Überarbeitung Erstentwurf Plakate und Flyer	Marketingabteilung	22.12.2019	Je 1 überarb. Enwurf	560 €
22.12.2019	Rücksprache Überarbeitung Erstentwurf Plakate und Flyer mit Geschäftsleitung	Marketingabteilung, Geschäftsleitung	22.12.2019	/	216 €
02.01.2020	Gestaltung und Entwicklung Onlinewerbung für Social Media	Marketingabteilung	16.01.2019	/	560 €
06.01.2020	Bestellung der Plakate und Flyer	Marketingabteilung	06.01.2020	4 Plakate 1000 Flyer	2.542 € (inkl. Montage, Demontage und Platzmiete für 8 Wochen)
15.01.2020	Montage der Plakate, Freischaltung der Onlinewerbung (Google Ads und Social Media)	beauftragte Firma, Marketingabeilung	15.01.2020	4 Plakate	296 € (Montage bereits bei Bestellung im Preis inbegriffen)
15.02.2020	Promotion mit Flyern in belebten Fußgängerzonen	Promotionteam	15.02.2020	/	224 €
29.02.2020	Promotion mit Flyern in belebten Fußgängerzonen	Promotionteam	29.02.2020	/	224 €
Kostensumme:					5.398 €

2.4.2 Budgetvergleich

20 % des Jahresmarketingbudget: 4.000 €

Geplante Gesamtkosten der Werbemittel: 5.398 €

Differenz: - 1.398 €

2.4.3 Optimierungsmöglichkeiten

Die geplanten Gesamtkosten der Werbemittel übersteigt den Rahmen um 1.398 €. Um die Kosten zu senken, könnte man einen günstigeren Hersteller für die Plakate und die Flyer wählen, sowie auf eine zweite Rücksprache bezüglich der Entwürfe von Plakaten und Flyern verzichten und somit die Personalkosten senken.

2.5 Synergieeffekte im Rahmen der Kommunikationspolitik

Durch die vielen verschiedenen Unternehmenstypen, welche die Unternehmensgruppe anbietet, werden viele unterschiedliche Zielgruppen angesprochen, was zum einen den Vorteil hat, dass die Unternehmenstypen sich gegenseitig wenig Konkurrenz machen und zum anderen für jede Person das passende Studio angeboten wird. Die Standorte wurden größtenteils so gewählt, dass eine möglichst große Fläche von Hannover abgedeckt wird. Hierdurch bietet es sich an, aufeinander abgestimmte Marketingmaßnahmen zu ergreifen und somit Kosten zu sparen und voneinader zu profitieren.

3 Abschlussstatement

Die Stadt Hannover stellt einen attraktiven Standort für die Unternehmensgruppe dar, da die Stadt ein gutes öffentliches Verkehrsnetz besitzt und auch die Bevölkerungsentwicklung zum Positiven verläuft. Die Zahl der Arbeitslosen sinkt und die Zahl der Einwohner steigt. Außerdem weisen die Einwohner Hannovers eine überdurchschnittliche Kaufkraft auf (Fachbereich Wirtschafts- und Beschäftigungsförderung Region Hannover, 2018).

Gesamtheitlich betrachtet haben das Damenfitness- und das Gesundheitsstudio die besten Erfolgsaussichten. Das Damenfitness-Studio hat zwar Konkurrenz in unmittelbarer Nähe, allerdings hat es im Vergleich zu seinen Konkurrenten die größere Angebotsvielfalt und spricht zusätzlich auch Mütter an, die auf eine Kinderbetreuung angewiesen sind. Ein gesundheitsbewusster Lebensstil ist in unserer Gesellschaft zum Trend geworden, viele Menschen sind inzwischen bereit etwas für ihre Gesundheit zu leisten, deshalb hat das Gesundheitsstudio, trotz starker Konkurrenten ebenfalls gute Erfolgschancen.

Das größte Risiko kann in dem Mikrostudio Functional Training gesehen werden. Es hat starke Konkurrenz in nächster Nachbarschaft und liegt zusätzlich in der Nähe von zwei anderen Unternehmenstypen der Unternehmensgruppe.

Ich persönlich würde deshalb auf die Eröffnung des Mikrostudios Functional Training verzichten.

4 Literaturverzeichnis

Fachbereich Wirtschafts- und Beschäftigungsförderung Region Hannover. (2018). *Trends und Fakten 2018*. Zugriff am 05.05.2019. Verfügbar unter: https://www.wirtschaftsfoerderung-hannover.de/Standort/Wirtschaftsstandort/Trends-und-Fakten

Landeshauptstadt Hannover, Fachbereich Personal und Organisation, Sachgebiet Wahllen und Statistik. (2018). *Statistische Berichte der Landeshauptstadt Hannover - Strukturdaten der Stadtteile und Stadtbezirke 2018.* Zugriff am 05.05.2019. Verfügbar unter: https://www.wirtschaftsfoerderung-hannover.de/content/download/726415/18224999/file/Hannover_Strukturdaten_2018.pdf

Openroutes Service. (2019). Openroutes Service – Isochronen. Zugriff am 05.05.2019. Verfügbar unter: https://maps.openrouteservice.org/reach?n1=52.442723&n2=9.719296&n3=12&a=52.408113,9.711352&b=0&i=0&j1=15&j2=7&k1=en-US&k2=km

Hilmer, K. & Hilmer, K. (2019). *Glücksgefühl Fitnessstudio für Frauen Hannover*. Zugriff am 03.05.2019. Verfügbar unter: https://www.gluecksgefuehl-fitness.de/

Schütte, R. (2019). *Mrs. Sporty Hannover-List*. Zugriff am 03.05.2019. Verfügbar unter: https://www.mrssporty.de/club/hannover-list/

Ballbach, M., Masek, T. & Völcker, M. C. (2019). *Crossvertise, Plakatwerbung buchen*. Zugriff am 03.05.2019. Verfügbar unter: https://market.crossvertise.com/de-de/media/ooh/map?AddressMap=Hannover&SwLat=&SwLng=&NeLat=&NeLng=

Dr., Fries, M. (2019). *Die Druckerei, Falzflyer, Hochformat, DIN-lang*. Zugriff am

03.05.19. Verfügbar unter: https://www.diedruckerei.de/p/falzflyer-hochformat-din-lang?depvar_index_setparent=%3CPFYDL44%3E%3CPFYDL44.090.041000%3E&ref=search%2fgoogle%2f282533246%2f21125813966%2f%2f67336390526&ws_tp1=kw&gclid=CjwKCAjwiZnnBRBQEiwAcWKfYvzFBQ-VeVR64eZigSIINelReX2DkfI5DtE00V8o_gaaj-zLsSS9C_BoCR5wQAvD_BwE

5 Abbildungs- und Tabellenverzeichnis

5.1 Abbildungsverzeichnis

Abb. 1: Darstellung Marktgebiete nach Zeit-Distanz-Methode mit Kennzeichnung zweier Konkurrenten (Openroute Services, 2019)..6

5.2 Tabellenverzeichnis

Tab. 1: Merkmale der Hauptzielgruppe (eigene Darstellung)..4

Tab. 2: Altersverteilung Stadt Hannover (Landeshauptstadt Hannover, Fachbereich Personal und Organisation, Sachgebiet Wahlen und Statistik, 2018, S. I - 4 – I – 6)........7

Tab. 3: Zahl der Einwohner im Marktgebiet 1 und 2 (Landeshauptstadt Hannover, Fachbereich Personal und Organisation, Sachgebiet Wahlen und Statistik, 2018, S. i-8)....7

Tab. 4: Wettbewerbsanalyse (eigene Darstellung)..9

Tab. 5: Aktionsbeschreibung und Planung für die Vermarktungskampagne..................10

Tab. 6: Werbeplanung (eigene Darstellung)...11

Tab. 7: Kostenkalkulation (eigene Darstellung)...12

BEI GRIN MACHT SICH IHR WISSEN BEZAHLT

- Wir veröffentlichen Ihre Hausarbeit, Bachelor- und Masterarbeit

- Ihr eigenes eBook und Buch - weltweit in allen wichtigen Shops

- Verdienen Sie an jedem Verkauf

Jetzt bei www.GRIN.com hochladen und kostenlos publizieren